AF306184

AZÉMIA,

OU
LES SAUVAGES,

COMÉDIE,

EN TROIS ACTES, EN PROSE,

Mêlée d'Ariettes.

*Représentée à Fontainebleau, devant leurs Majestés,
le 17 Octobre 1786, & à Paris, le 3 Mai 1787.*

Prix. 1 liv. 10 f.

A PARIS,

Chez **Brunet**, Libraire, rue de Marivaux, près
la Comédie Italienne.

M. DCC. LXXXVII.

AZÉMIA,

OU

LES SAUVAGES,

COMÉDIE.

ÉPITRE
DÉDICATOIRE,
A MONSIEUR DALAYRAC.

JE vous dois, à plusieurs titres, la dedicace de cet Ouvrage, mon ami ; premiérement, parce que j'ai juré de n'en faire jamais qu'à l'amitié ; secondement, parce que c'est à votre jolie musique que la Pièce doit une grande partie de son succès ; troisièmement enfin, parce qu'il n'est pas indifférent d'apprendre au Public, ce que vous lui tairiez : c'est que vous avez presque autant contribué que moi-même, au plan & à la contexture dramatique de l'Ouvrage : c'est à la délicatesse de votre goût, à la complaisance que vous avez eue de réfléchir souvent avec moi sur mon sujet, c'est à quelques idées heureuses que vous avez bien voulu me communiquer, que je

dois entiérement la réuſſie d'Azémia, & la re-
connoiſſance m'auroit fait un devoir de le pu-
blier, quand l'amitié ne m'en eût pas fait un
plaiſir : vous connoiſſez ma façon de penſer ſur
le genre de l'Opéra-comique : tout le talent de
l'Auteur des paroles ne conſiſte guère qu'à faire
valoir celui du Muſicien ; auſſi n'ai-je jamais
attaché aux ſuccès que nous avons eu le bonheur
d'avoir enſemble dans ce genre, d'autre impor-
tance que celle de les partager avec vous.

AVERTISSEMENT.

LA tempête de Shakeſpeare, celle de Dryden, le Roman de Robinſon-Cruſoé, & l'Hiſtoire générale des voyages, m'ayant donné l'envie de compoſer une Nouvelle dramatique, qui tînt du genre des Ouvrages, dont la lecture m'avoit échauffé l'imagination, je compoſai celle d'Azémia ; mais je n'oſai point la faire imprimer : l'intérêt qu'elle me parut inſpirer dans les lectures particulières, me donna néanmoins le deſir d'en riſquer quelques ſituations au Théatre, en reléguant la partie romaneſque dans l'avant-ſcène ; & c'eſt le ſujet de la Pièce que je viens de donner aux Italiens.

C'étoit après de mûres & profondes

réflexions sur l'art dramatique, & les différentes branches, que je regardois comme permis & peut-être nécessaire, d'étendre les ressources du genre borné de l'Opéra-Comique, en admettant, de préférence, les situations romanesques, lorsqu'elles pouvoient se concilier avec la vraisemblance : par ce moyen, chaque Théatre me paroissoit avoir son genre propre & particulier. Je laissois à celui de l'Opéra les féeries, les enchantemens & les fêtes ; aux François, le développement des caractères & la peinture des mœurs, & je réservois aux Italiens les tableaux variés, les effets pittoresques, les surprises, & tout ce qui me sembloit propre à diversifier les compositions musicales. J'avois même pour moi l'exemple & les suffrages de ceux qui, jusqu'à présent, s'étant distingués dans la même carrière par des fuccès éclatans, me fembloient avoir acquis le droit légitime de pofer les bornes de ce genre ; mais le Rédacteur, auffi modefte que célèbre, de l'extrait d'*Azémia*, dans le Mercure, vient, dans un *petit Réfumé* de fa façon, de donner au Public & à moi-même, des préceptes abfolument contraires. S'il s'eft difpenfé, pour cette fois, de rendre compte de l'effet de la Pièce, ce qui jadis étoit affez d'ufage ; en récompenfe, on doit en être bien dédommagé par le *petit Réfumé*. On y verra qu'il faut déformais renoncer à l'eftime, quand on invente fa fable & fes fituations ; que cette manière étant la plus aifée, eft auffi la moins méritoire ; que nos Auteurs, (& ici la leçon du Régent devient générale,) que nos Auteurs s'occupent tous très-peu de la vraifemblance, malgré les foins bienfaifans qu'il met fans ceffe à leur faire part de fes profondes lumiè-res, de fon goût irréprochable, & c'eft moi, pécheur endurci, qui, réfiftant toujours à fes fages & judicieux con-feils, me fuis principalement attiré cette vefpérie, pour avoir imaginé dans *Azé-mia* des événemens impoffibles, des nau-frages, ce qu'on n'a jamais vu & qu'on ne verra jamais; des gens qui fe rencon-trent dans les mêmes parages, en s'y cherchant, ce qui eft totalement hors de vraifemblance; enfin, un amour naïf & ingénu entre deux jeunes Sauvages ignorans; ce qui ne peut abfolument infpirer aucun intérêt. J'engage tous les Auteurs d'Opéra comique à bien fe pé-nétrer des principes que l'Auteur de l'Extrait vient de développer, avec grace & légéreté, dans fon petit Réfumé. Je leur confeille de fe foumettre à l'impofante autorité de ce Juge impartial, s'ils veulent partager bientôt l'eſtime littéraire qu'il s'eſt lui-même ſi juſtement acquiſe. Ils auront bien ſoin de bannir les ſurpriſes, de s'en tenir aux mœurs ſi variées de nos cercles, de ne peindre que des tableaux connus, ſur-tout de motiver, avec exactitude, juſqu'aux plus légers détails. Alors la marche de leur ouvrage ſera plus rapide, plus piquante, & on évitera ſûrement la lenteur & la monotonie, ſi funeſtes aux premières repréſentations des Ouvrages nouveaux, ſurtout à ce Théatre. Inſtruits par la leçon qu'on m'a faite, ils ſe garderont bien de choiſir des titres qui, en ne laiſſant rien prévoir, répondent à l'expoſition, au nœud & au dénouement de l'Ouvrage, ce ſont des titres *nuls*. L'influence de l'affiche étant une partie eſſentielle, ils feront beaucoup mieux de ne choiſir que

ceux qui laissent tout deviner. Enfin,
quand ils auront eu le bonheur de plaire
au Public, ils apprendront que ce n'est
pas là leur triomphe essentiel, mais
qu'il faut encore satisfaire l'homme
éclairé, qui, sur son Tribunal hebdo-
madaire, a le droit de démentir les suffrages de la Nation, & de juger, en
dernier ressort, d'un trait de plume, le
fruit de plusieurs mois de travail & de
réflexion. Cet homme, c'est M. *le Vacher
de Charnois*, fameux par ses connoissan-
ces en Littérature, en Musique & dans
tous les Arts, dont il a donné des preuves
non suspectes, & qu'il possède, à-peu-
près toutes, au même degré.

Je ne me suis jamais dissimulé que je
dois mon succès à l'ensemble parfait
du jeu des Comédiens : je les prie d'a-
gréer ici les témoignages de ma recon-
noissance.

qui masquent la naissance d'un rocher. Sur ce rocher,
à demi-hauteur de celui qui est vis-à-vis, doit être
aussi un sentier, par lequel puissent passer les Acteurs,
& un palmier qui borde la coulisse.

Aux premières mesures de l'ouverture, la toile se lève;
une musique tranquille doit indiquer le calme & la
solitude de ce lieu champêtre. Quelques instans après,
on voit sur la mer plusieurs canots de sauvages; ils
abordent, se grouppent, exécutent des danses panto-
mimes; Edoin paroît sur son rocher, derrière la pa-
lissade, témoigne son inquiétude, & tire en l'air un
coup de fusil, qui effraye les Sauvages; quelques-
uns regagnent leurs canots en désordre, prennent le
large, & s'éloignent: les autres se précipitent du
haut d'un rocher, disposé pour cela, dans la mer.
On les voit nager & s'éloigner. Edoin va s'assurer
s'ils sont partis, & revient.

SCENE PREMIERE.

EDOIN, *seul.*

Ils s'éloignent : le bruit de cette arme inconnue
les épouvante toujours ; mais s'ils s'accoutumoient
à ne plus la craindre ; s'ils revenoient, en force,
surprendre mon habitation, malgré les soins que
j'ai pris de la dérober à toutes recherches ! Eh
quoi ! depuis douze ans, nul espoir de sortir de ces

lieux ! Ah ! ma chère Azémia ! seul bien que j'ai sauvé du plus cruel naufrage ; toi, pour qui seule j'ai supporté la vie dans ces déserts ; ô ma fille ! je frémis sur ton sort bien plus que sur le mien.

ARIETTE.

Ton amour, ô fille chérie !
M'a consolé de tous mes maux.
Si ton père aime encor la vie,
C'est pour veiller à ton repos.
Ma retraite profonde,
Tu la vois sans effroi,
Je suis pour toi le monde,
Tu l'es aussi pour moi.

Le souvenir de mon naufrage
Vient-il m'agiter malgré moi !
Pour ranimer tout mon courage ,
J'aime à redire près de toi.
Ton amour, &c.

J'espérois du moins que Milord Akinson, qui sait son fils entre mes mains, viendroit le chercher, qu'il m'arracheroit à cette solitude ; s'il faut renoncer à cet espoir, que deviendrai-je ? Voilà le jeune Prosper & ma fille parvenus à l'âge des amours ; que d'inquiétudes ils me préparent ! J'ai beau déguiser au jeune homme le sexe de ma fille, ordonner à celle-ci le secret, les effrayer tous deux, la nature & l'amour me feront sûrement bientôt accuser d'imposture ; ce sont des précepteurs plus éloquens que moi. J'entends mon jeune élève.

E D O I N.

A l'inftant même, une horde fauvage, femblable
à celle qui t'a déja conduit ici, vient d'aborder fur
ce rivage.

P R O S P E R.

Ah ! tu me rappelles une obligation que je t'aurai
toute ma vie ; ils m'avoient amené fur ces bords
avec mon père.

E D O I N.

Que je ne pus fauver ! c'eft mon plus grand regret.
J'ignorerois même ton nom, ton âge & ta naiffance,
fans ce bijou que je trouvai le lendemain, & le
papier qu'il renfermoit.

P R O S P E R.

A propos de ce papier, tu m'avois encore promis
hier de me le montrer aujourd'hui. . . . .

E D O I N.

Et je te tiens parole. Lis. . . . . .

P R O S P E R.

*Milord Akinfon a cru reconnoître le libérateur de
fon fils pour un de fes compatriotes : efclave des fau-
vages, qui font le commerce de notre liberté, il
ignore le terme de fa dure captivité. Mais il efpère
qu'en laiffant ce bijou dans ces lieux, on le trou-
vera, on l'attachera au col du jeune Profper, âgé
de fix ans, & qu'un jour il fera affez heureux pour*

retrouver son fils, & embrasser son bienfaiteur. Akinson.

P R O S P E R.

Akinson !

E D O I N.

Je trouvai effectivement le bijou dès le lendemain de cette terrible scène; je t'élevai, je t'aimai comme mon enfant, je te regardai comme devant être un jour la cause de ma délivrance; mais douze ans sont passés, & je n'ai plus d'espoir.

P R O S P E R.

J'aurois pourtant bien du plaisir à vous traiter tous deux de même.

E D O I N.

La difficulté d'aborder ces parages, ne m'a encore permis de voir que des vaisseaux brisés, dont, à la vérité, j'ai tiré quelques secours; mais il semble qu'il ne soit permis qu'aux Sauvages de pouvoir y relâcher sans danger, & leurs incursions funestes.....

P R O S P E R.

Que crains-tu? ton industrie a si bien caché nos habitations, nous sommes seuls possesseurs du secret qui les rend accessibles.

E D O I N.

Oui, mais vivre toujours seuls tous les trois.

(*Azémia paroît ici sur son rocher.*)

P r o s p e r.

Comment donc auſſi, puiſque l'univers eſt ſi peu-
plé, cette iſle reſte-t-elle déſerte ? Tiens, j'ai idée,
moi, que ces femmes, dont tu me dis quelquefois
tant de mal, contribueroient un peu à embellir ces
déſerts.

E d o i n.

(*A part.*) Nous y voilà : (*haut.*) non, je te l'ai
dit, & je te le répète, elles ſont auſſi dangereuſes
qu'elles ſont aimables.

P r o s p e r.

J'aime pourtant juſqu'à leur nom, j'aime ſur-tout
à t'en entendre parler : ah ! mon ami ! fais-moi leur
portrait.

E d o i n.

Je le veux bien. (*à part*) Il faut l'effrayer, pour
faire tourner contre ma fille ſa propre indiſcrétion,
ſi jamais elle en étoit capable.

SCÈNE III.

EDOIN, PROSPER, AZÉMIA, *cachée.*

Azémia, *sur son rocher à part.*

AH ! les voilà dans leur petit conseil ; écoutons.

TRIO.

EDOIN.

Ecoute bien, tu vas entendre,
Ah ! garde-toi de te laisser surprendre ;
Je te dirai la vérité.

PROSPER.

J'écoute bien, je brûle de t'entendre ;
Mais parle avec sincérité.

EDOIN.

D'abord tout est fait pour séduire ;
Si doux parler, si doux sourire....

PROSPER.

Ah ! le joli portrait !

EDOIN.	PROSPER ET AZÉMIA.
C'est une fleur, C'est la douceur, C'est la fraîcheur.	Ah ! le joli portrait !

E D O I N.

Tout nous enchante, tout nous plaît.

P R O S P E R.

Eh bien , que risque-t-on de se laisser surprendre ?

E N S E M B L E.

E D O I N.	P R O S P E R.	A Z É M I A.
Ecoute bien, tu vas l'apprendre , Je te dirai la vérité, Ah! garde-toi de te laisser surprendre , Je parle avec sincérité.	J'écoute bien en vérité, Que risque-t-on de se laisser surprendre ?	Ecoutons bien , tâchons d'entendre , S'il lui dira la vérité.

E D O I N.

Cette fleur si charmante
Cache une épine, & devient un poison :
Cette grace si séduisante,
Est un écueil qui trouble la raison :
Cette douceur si caressante
Cache souvent l'affreuse trahison.

E N S E M B L E.

E D O I N.	P R O S P E R.	A Z É M I A.
Voilà, voilà la vérité , Garde-toi bien de te laisser surprendre.	Ah ! c'est dommage en vérité , Ah ! quel danger de se laisser surprendre ! Mais est-ce bien la vérité ?	Mais que veut-il lui faire entendre ? Non , ce n'est pas la vérité.

P R O S P E R.

J'aime à te croire, & je ne sais pourquoi mon cœur s'y refuse sur ce point. J'ai toujours, je l'avoue, le plus grand désir de connoître ces perfides mortelles ; &, malgré leur méchanceté, je me sens l'envie & la force de les combattre.

A Z É M I A, *à part.*

De les combattre !

E D O I N.

L'amour qu'elles t'inspireroient, est un poison subtil qui te maîtriseroit malgré toi : elles te poursuivroient jusques dans ton sommeil.

P R O S P E R.

Ne pourrois-je pas aussi m'en venger au réveil ? Mais cet amour, ce poison, ne paroît pas t'avoir fait tant de mal. Tu m'as dit que ton épouse avoit autrefois jeté quelques fleurs sur ta vie.

E D O I N.

Il est d'heureuses exceptions, je dois en convenir.

P R O S P E R.

Enfin, si mon père revient, si nous quittons ce désert, il faudra pourtant bien que je m'accoutume à en voir.

EDOIN.

Ce fera pour-lors à lui feul à veiller fur ta def-
tinée.

PROSPER.

Si du moins au lieu d'un fils, le Ciel t'eût donné
une fille, par exemple.

EDOIN.

Eh bien?

PROSPER.

Eh bien, je ne defirerois plus rien.

EDOIN.

Ce feroit peut-être pour ton tourment, (*à part*)
& fûrement pour le mien; (*haut*) à l'inftant où une
femme t'approcheroit, tu ferois perdu.

PROSPER.

En ce cas, n'en parlons plus : mais il me femble
que ton fils dort aujourd'hui bien long-tems.

AZÉMIA, *fe montrant.*

Oh! que non, je ne dors pas, j'écoute, &
j'entends.

PROSPER.

Ah! le voici.

EDOIN, *l'embraffant.*

Viens, mon cher enfant; j'attendois ton réveil
pour commencer le travail de ma journée. L'impérieux

beſoin nous y condamne ; livrez-vous tous deux à vos occupations ordinaires, & ne vous écartez pas. Proſper, aide ton frère, & dirige ſon ouvrage.

P R O S P E R.

Je n'en fais jamais pour lui autant que j'en voudrois faire.

E D O I N, *bas à ſa fille.*

Garde bien ton ſecret, il eſt plus eſſentiel que jamais, ſi tu ne veux pas t'expoſer au plus grand malheur ! Proſper deviendroit, ſur le champ, ton plus cruel ennemi. (*haut*) Adieu, mes enfans, je reviendrai bientôt. (*Il les embraſſe, & ſort.*)

S C E N E   I V.

AZÉMIA, PROSPER.

(*Ces deux enfans s'occupent à des travaux différens, Azémia fait des corbeilles, & Proſper vanne du grain.*)

A z é m i a, *à part.*

JE vois bien que mon père nous trompe tous deux. Quel portrait il lui fait des femmes ! & pourquoi veut-il que je le craigne ? Il a l'air ſi doux, quel mal peut-il me faire ? (*haut à Proſper*) Tu travailles trop, tu ſeras fatigué.

P R O S P E R.

Fatigué ! quand je travaille près de toi, c'est impossible.

A Z I M I A.

Tu m'aimes donc beaucoup ?

P R O S P E R.

Oui , sans doute, & même cela me tourmente ;
car, vois-tu, j'aime ton père, je donnerois mon
sang pour lui ; & je ne conçois pas pourquoi je
t'aime encore plus que lui.

A I R.

Aussi-tôt que je t'apperçoi ;
Mon cœur bat & s'agite,
Et si j'accours auprès de toi,
Il bat encor plus vite.
A tout moment, & malgré moi ;
Je brûle, & ne sais pas pourquoi.　　　　　(bis)
De m'éclairer sur ce mystère,
Je pourrois bien prier ton père ;
Mais si tu voulois, tien, je croi,
J'en apprendrois plus avec toi.

D'abord desir de te chercher,
Le premier semble éclore,
Puis desir de me rapprocher,
Puis.... d'approcher encore.
Là, toujours mon cœur, malgré moi,
Desire, & je ne sais pas quoi,　　　　　(bis)
De méclairer sur ce mystère, &c.

A Z É M I A.

J'ai bien quelque petit soupçon
D'en savoir quelque chose,
Mais, à t'en parler sans façon,
Je ne sais quoi s'oppose ;
Et pourtant ce je ne sais quoi,
M'agite, & je ne sais pourquoi.
De m'éclairer sur ce mystère,
J'ai bien déja prié mon père,
Mais si j'osois : tiens, en effet, je croi,
J'en apprendrois plus avec toi.

J'écoutois tout-à-l'heure quand tu causois avec mon père ; je t'ai bien entendu dire que tu desirerois voir des femmes dans cette Isle. Pourquoi donc?

P R O S P E R.

Je n'en sais rien ; est-ce que tu n'as pas le même desir, toi ?

A Z É M I A.

Non, je t'assure.

P R O S P E R.

Ton père aussi me blâme de l'avoir, peut-être a-t-il raison.

A Z É M I A.

Et si j'en étois une. . . .

P R O S P E R.

Ah ! si le Ciel l'eût permis, quel plaisir j'aurois....

A z é m i a.

Oui, à me combattre.

P r o s p e r.

Oh ! non, à te céder.

A z é m i a.

Tu m'aimerois encore, même si j'étois femme ?

P r o s p e r.

Non pas davantage, cela est impossible ; mais je serois plus heureux.

A z é m i a.

Plus heureux ! là, bien vrai ?

P r o s p e r.

Ah ! bien vrai, mon cœur me le dit.

A z é m i a, *à part.*

Il seroit plus heureux. Oh ! je vais parler. (*haut*) (*Elle l'appelle.*) St, Prosper, écoute.

P r o s p e r.

Que veux-tu ?

A z é m i a.

Sois heureux, j'en suis une.

P r o s p e r.

Ciel ! . . . tu te moques de moi.

A z é m i a.

Non, Prosper, je t'assure. (*Prosper s'éloigne.*) Qu'as-tu donc ?

PROSPER.

Je n'ai rien, c'est que je tremble.

AZÉMIA, *se reculant aussi.*

J'ai mal fait de parler : ne voilà-t-il pas que je tremble aussi !

DUO.

AZÉMIA.

J'ai peur, je ne sais pas pourquoi,
Je n'en puis deviner la cause.

PROSPER.

J'ai peur, &c.

AZÉMIA.

Approche-toi.

PROSPER.

Moi ?

AZÉMIA.

Toi.

PROSPER.

Qui, moi ?

AZÉMIA.

Oui, toi.

PROSPER.

Je n'ose....

Approche-toi.

AZÉMIA.

Qui, moi ?

PROSPER.

PROSPER.

Oui, toi.

AZÉMIA

Je n'ose....

Sans approcher, regarde-moi.

PROSPER.

Sans approcher, regarde-moi.

AZÉMIA.

Eh bien !

PROSPER.

J'ai du plaisir, je te voi.

AZÉMIA.

Avance un peu... hasarde.

PROSPER.

Attends, attends, prends garde ;
Je suis bientôt tout près de toi.
(*Ils se touchent & s'enfuyent tout effrayés.*)

ENSEMBLE.

J'ai peur, j'ai peur, en vérité ;
Je n'en puis deviner la cause.
Nous éprouvons la même chose ;
Edoin m'auroit-il dit la vérité !

PROSPER.

M'aimes-tu moins ?

AZÉMIA.

Non, ce me semble ;

Et moi, Prosper ?

I.

PROSPER.

Non, ce me semble.
Regardons-nous tous deux ensemble.

(*Ils se regardent.*)

ENSEMBLE.

Toujours même plaisir, moi.
Approchons-nous tous deux ensemble.

(*Ils se rapprochent lentement.*)
Me voilà bientôt près de toi.

(*Ils se touchent & restent.*)
Mais j'ai moins peur; oui, j'ai moins peur.

AZÉMIA.

Eh bien, eh bien ! que dit ton cœur ?

PROSPER.

Il me dit toujours que je t'aime;
Et toi ! que dit ton cœur ?

AZÉMIA.

Mon cœur est toujours le même.

ENSEMBLE.

Plus de frayeur,
Toujours mon cœur
Est le même,
Je n'ai plus peur;
De près, de loin, oui je sens que je t'aime,
Je n'en veux croire que mon cœur.
Je n'ai plus peur.

AZÉMIA.

Me voilà un peu raſſurée, & pourvu que nous n'ayons pas d'amour.

PROSPER.

Mais nous ne le connoiſſons point ; il viendra peut-être ſans que nous nous en doutions.

AZÉMIA.

Dieux ! tant pis ; car Edoin dit qu'il nous feroit peut-être bien ſouffrir.

PROSPER.

Dans ce cas, nous ſouffririons enſemble.

AZÉMIA.

Ah ! tu as raiſon ; allons, allons, je me réſigne même au malheur de l'amour.

(*On entend parler dans la couliſſe.*)

PROSPER.

Si ton père vouloit nous marier ? . . . .

AZÉMIA.
Paix. . . . on parle.

PROSPER.

Et cette voix n'eſt pas celle d'Edoin ; ſeroient-ce par haſard des ſauvages ? Je veille ſur tes jours.

AZÉMIA.

Cachons vîte notre ouvrage, & ne nous montrons pas. (*Ils ſe cachent derrière leur paliſſade.*)

SCENE V.

FABRICE, ALVAR, TROIS MATELOTS, AZÉMIA ET PROSPER, *cachés.*

FABRICE.

Mais, Monsieur, plus nous avançons, plus l'endroit me paroît sauvage ; cette isle est déserte, il n'en faut pas douter : où voulez - vous encore aller ?

ALVAR.

Et qu'avons-nous de mieux à faire ? La marée montante peut seule remettre la chaloupe à flot , & nous voilà retenus pour plus de vingt-quatre heures.

FABRICE.

Vingt-quatre heures encore ! Quel supplice ! Mais au moins seroit-il prudent de ne pas s'éloigner de la rade ? nous en sommes déjà à plus de deux heures de chemin.

ALVAR.

Toujours ta maudite poltronnerie : je suis bien aise de savoir si nous ne trouverons rien des débris de ce malheureux équipage, que la bourasque nous a empêchés de secourir, & qui s'est brisé à nos yeux ; j'ai cru reconnoître le pavillon anglois.

FABRICE.

Nous avons bien pensé en faire autant sur ces maudites côtes ; elles sont bordées d'écueils : cela nous arrivera quelque jour avec votre fantaisie de découvertes. J'ai d'ailleurs une inquiétude plus réelle.

ALVAR.

Laquelle ?

FABRICE.

D'être avalé par quelqu'antropophage.

ALVAR.

Peste soit du poltron.

FABRICE.

Monsieur, j'ai lu quelques voyages, tel que vous me voyez, & je sais bien que ces gens-là, sans respect pour de jolis visages, vous dépêchent un homme tout d'un trait, sans lui donner le tems de se reconnoître.

ALVAR.

Tais-toi.

FABRICE, *effrayé, appercevant Azémia.*

Ah ! Monsieur !

ALVAR.

Qu'est-ce que c'est ?

FABRICE.

L'Ifle en est peuplée, sauvons-nous.

A L V A R.

Que vois-je !

F A B R I C E.

N'approchez pas....

A L V A R.

Mais vois donc la délicateſſe de ſes traits ; je ne me trompe pas, c'eſt une jeune femme, & une femme ſauvage ! Quelle découverte !

F A B R I C E.

A vous entendre, on les croiroit bien rares.

P R O S P E R, *bas à Azémia.*

Il te regarde avec des yeux.... Voilà ſûrement les hommes dont tu dois te défier ; je le hais déja : s'il t'approche, qu'il prenne garde.

A Z É M I A.

Il n'a pas l'air méchant.

A L V A R.

Elle m'entend ! quelle étonnante aventure ? Ecoutez-moi,

F I N A L E.

A L V A R.

Ma belle enfant, ces ſauvages retraites
Sont peu faites
Pour tant d'appas,
Oui, tant d'attraits, ſont faits pour nos climats.

AZÉMIA.

Quel singulier langage!
Excuse-moi, je ne te comprends pas.

ALVAR.

Quel singulier langage!
Sa candeur me ravit.

AZÉMIA, *à Prosper.*

Entends-tu ce qu'il dit ?

PROSPER.

Fort bien.

ALVAR.

Quittez cet air sauvage.

AZÉMIA.

Je ne suis point sauvage,
C'est toi, toi qui l'es, je le croi.

FABRICE.	AZÉMIA.
Monsieur, elle vous croit sau- vage, Elle s'y connoît, je le voi.	Prosper , il m'appelle sau- vage.

ALVAR.

Je puis vous rendre heureuse ,
Soyez donc moins peureuse.
Vous seriez plus heureuse,
Si vous habitiez nos climats.

AZÉMIA.

Qui, toi, me rendre heureuse !
(*Regardant Prosper.*)

Eh ! mais je fuis heureufe,
Qu'ai-je befoin d'autres climats !

P R O S P E R, *menaçant Alvar,*

Finis, ou crains ma colère.

A L V A R.

Que me veut donc ce jeune téméraire ?

A Z É M I A, *cherchant à arrêter Profper,*

C'eft l'outrager : ah ! calme-toi.

P R O S P E R.

Je n'entends rien.... éloigne-toi.

A L V A R.

Qui donc es-tu ?

P R O S P E R,

Elle eft à moi.
Fuis de ces lieux, ou ma vengeance
Pourroit tomber fur toi.

A L V A R.

Quel excès d'infolence !

A L V A R.	A Z É M I A, *entre les deux.*	P R O S P E R.
Jeune infenfé, je brave ton courroux.	Ah ! calmez-vous. Mais pourquoi donc tant de courroux ?	Va, crains fur toi d'attirer mon courroux.

A L V A R.

Je dois punir tant d'infolence.

P R O S P E R,

Va, crains toi-même ma vengeance.

PROSPER.

Eh bien! sans moi, partez mon père,
Partez sans moi, je m'y soumets.

ÉDOIN & AZÉMIA.

Te fuir, mon ami, non jamais:

ALVAR.

Ta fille, & toi,
Voilà ma loi.

EDOIN.

Fuis, cœur barbare, éloigne toi,
Tu dois rougir d'une aussi dure loi.

Édoin & ses enfans, à part.	*Alvar & sa troupe, à part.*
O mon ami, nous désunir!	Je suis tenté de le punir,
Non, non, jamais je suis ton père. *(haut.)*	Ce soir, à l'ombre du mystère....
Ah! laissez-nous seuls dans nos forêts,	Nous reverrons cette fille si chère.
Et recevez nos adieux pour jamais.	*(haut.)* Oui, nous vous laissons dans vos forêts,
	Et recevez nos adieux pour jamais.
Ils rentrent par leur palissade, quand ils sont sûrs que les autres sont sortis.	*Ils sortent, en se faisant des signes d'intelligence, & regardant l'endroit pour le reconnoître.*

Fin du premier Acte.

F A B R I C E.

Il faut, amis, de la prudence,
Du zèle & de l'intelligence.

C H Œ U R.

Laissez, laissez, tout ira bien.

A K I N S O N, *& son officier.*

Écoutons bien, écoutons bien.
Ciel ! ô ciel ! de l'innocence
En ce moment, seras-tu le soutien ?

F A B R I C E.

Il faut, amis, par la prudence,
Mériter votre récompense.

U N M A T E L O T.

Allez, allez, tout ira bien :
　　　　(*à son confrère.*)
　Connois-tu la fillette ?

S E C O N D M A T E L O T.

　Oui, jolie & bien faite....
　　Elle est fort bien.

A K I N S O N.

Que parlent-ils de fillette ?

S E C O N D M A T E L O T.

　Je dis qu'elle est fort bien,
Il faut enlever la fillette.

A K I N S O N.

L'enlever ! ah ! les scélérats !

SECOND MATELOT.

Sans que le père en sache rien.

AKINSON.

Un père ! ah ! malheureux !
O Dieux !

<table>
<tr><td>

CHŒUR DE MATELOTS ESPAGNOLS.

Il faut, amis, de la prudence,
Du zèle & de l'intelligence,
Tout ira bien, tout ira bien :
Il n'est pas tems encore ;
Cherchons sans bruit.
Il faut que tout soit dit
Au retour de l'aurore.

(*Les Matelots sortent.*)

</td><td>

AKINSON ET SON OFFICIER.

Ciel ! ô ciel de l'innocence
En ce moment, daigne être le soutien.
Malheureux père ! à cette offense,
De t'opposer, auras-tu le moyen ?

</td></tr>
</table>

(*Demi-jour à la sortie des Matelots.*)

SCENE V.

AKINSON ET SON OFFICIER.

AKINSON.

QUEL singulier événement ! ils parlent d'une fille, d'un père.... L'isle est donc habitée.... Ne les perdons pas de vue.... Tâchons de savoir positivement ce qu'ils méditent, de connoître l'endroit qu'ils veulent attaquer, & de sauver, s'il est possible,

www.ingramcontent.com/pod-product-compliance
Ingram Content Group UK Ltd.
Pitfield, Milton Keynes, MK11 3LW, UK
UKHW021011120726
13693UKWH00005B/1915